AF236207

Vögel ganz-jährig füttern

Wie Sie jeden Vogel richtig füttern und jede Vogelart gekonnt bestimmen – inkl. Futter Tipps für jede Jahreszeit und Anleitung, um Meisen-Knödel selber zu machen

Martin Gustmann

INHALT

Das erwartet Sie in diesem Buch

Sie stellen sich die Frage, wie man jeden Vogel am besten füttert – von der Meise bis zum Zaunkönig? Viele Vögel sind das ganze Jahr über vor Ort, andere fliegen während der kalten Wintermonate in den Süden. Im heimischen Garten sind sie ständig auf der Suche nach Essbarem, egal, ob im Frühling, Sommer, Herbst oder Winter, schließlich haben auch sie Hunger. Sie, als Leser bzw. Hörer, haben sich dazu entschieden, den gefiederten Freunden unter die Flügel greifen zu wollen und möchten dazu wissen, wer gern was frisst und wie Sie welchem Vogel das

Futter am besten zugänglich machen. Sie sind auf der Suche nach einem Ratgeber, der nicht nur Theoretisches erklärt und Wissen liefert, sondern auch Theorie und Praxis verknüpft und zum Mitmachen einlädt? Dann sind Sie hier richtig. In diesem Buch erfahren Sie zuerst grundlegende Informationen rund um das Thema „Vögel füttern". Welche Tipps lohnt es zu beachten? Was sollen Vögel lieber nicht fressen und was könnte gefährlich werden? Und: Welche ist die jeweilige „Leibspeise" der verschiedenen Vogelarten im heimischen Garten?

Zwischendurch lernen Sie interessante Fakten und können sich selbst ausprobieren. Dieses Buch bietet Ihnen eine umfangreiche Grundlage zum Thema und gibt Ihnen themenspezifische Tipps an die Hand, wie Sie ggf. schon im nächsten Winter gefiederte Gäste begrüßen dürfen. Ich wünsche Ihnen ein spannendes Lese- bzw. Hörerlebnis und viel Spaß beim Ausprobieren und Selbermachen.

Warum Vögel füttern?

Es ist nicht nur schön, Vögeln zuzusehen, wie sie durch Wälder, über Wiesen und durch Gestrüpp huschen, sondern auch ihr Gesang ist oft faszinierend und einzigartig. Eine Gemeinsamkeit aller Arten jedoch ist, dass ihr natürlicher Lebensraum immer mehr von uns Menschen beeinflusst wird. Sei es durch Straßenbau, Bau von großen Projekten wie zum Beispiel Flughäfen, Rodung von Wäldern oder das Erweitern einer Stadt um ein weiteres Wohngebiet, die Natur wird beeinflusst, teilweise sogar unwiderruflich zerstört. Der Rasen im Garten soll makellos aussehen und wird mit Dünger und Pestiziden unkrautfrei gehalten, Einfahrten sind ordentlich gepflastert oder geteert, alte Bäume sind oft unerwünschte Störenfriede und werden gefällt. So wird es zum Beispiel für verschiedene Specht-Arten immer schwieriger, passende Nahrung zu finden, nachdem gerade verrottete und halb verrottete Baumstämme, aus denen sie ihre Nahrung gewinnen, heutzutage in der modernen Forstwirtschaft beseitigt werden.

All das sind Ansatzpunkte, an denen wir als Menschen beginnen können, etwas zu ändern. Wir werden nicht von heute auf morgen die Vogelwelt revolutionieren, jedoch kann jeder einzelne einen kleinen Beitrag leisten, um die heimische Vogelwelt zu schützen und zu unterstützen, denn: Vögel sind nicht nur eine Augenweide und schön anzuhören. Sie sind auch oft unterschätzte Helfer und nützliche Gartenbewohner. So fressen verschiedene Vögel wie Meisen oder Spatzen gern Schädlinge, die Kulturpflanzen wie Tomaten- oder Salatpflanzen am Wachsen hindern.

Ein fatales Beispiel, welches die Nützlichkeit und Notwendigkeit von Vögeln, in diesem Fall Spatzen, wunderbar darstellt, ist die sogenannte „große Spatzenkampagne", die im Jahr 1958 in China unter dem kommunistischen „großen Vorsitzenden" Mao Zedong stattfand. So wurde der *gemeine Spatz* beschuldigt, die Körnerernte der Bevölkerung zu fressen. Dies wollte man in Zukunft verhindern und begann die Jagd auf die Spatzen. Es wurden circa zwei Milliarden (2.000.000.000) Spatzen getötet. Man erhoffte sich dadurch Besserung, allerdings war dies erst der Anfang einer viel größeren Katastrophe: Durch den fehlenden Feind „Spatz", der nicht nur die Körner frisst, sondern auch Insekten und Schädlinge, die das Gedeihen der Körner verhindern, konnten sich ebendiese Schädlinge ungehindert vermehren und fortpflanzen. So entstand eine Insekten- und Schädlingsplage (Heuschrecken und Bettwanzen), die nicht nur große Ernteeinbußen mit sich brachte, sondern sehr viele (Hunger-)Tote nach sich zog. Anhand dieses Beispiels sieht man sehr gut, dass der Spatz zwar zwischenzeitlich ein unerwünschter Körner-Schnorrer ist, allerdings auch einen enormen Beitrag leistet, sodass Schädlinge in Schach gehalten werden und Felder gedeihen können.

Außerdem sind viele Vögel fleißige Weiterverbreiter von Samen. Wenn ein Vogel zum Beispiel einen Samen frisst und zwei Kilometer weiter ausscheidet, hat er die Grundlage für das Wachstum eines neuen Baumes, Strauches oder Busches geliefert. Ohne die Weiterverbreitung der Samen durch die Vögel, würde das womöglich das Aus für viele Bäume bedeuten (gerade von Bäumen mit großen Samen und wenigen Vogelarten, die diese fressen und weiterverbreiten).

Das alles sind gute Gründe, Vögel zu schützen und sie zu unterstützen, indem wir ihnen bei der Futtersuche gerade in den kalten Wintermonaten unter die Flügel greifen.

Grundlegende Tipps zum Vögel füttern

Es gibt zahlreiche Gründe, Vögel zu füttern, das steht fest. Die Entscheidung, sie zu füttern, ist ein erster, großer Schritt. Jetzt geht es weiter mit dem **„Wie?"**.

WIE STELLE ICH DAS FUTTER AM BESTEN ZUR VERFÜGUNG?

Hier gibt es kein Richtig und kein Falsch. Es gibt unzählige verschiedene Möglichkeiten, Vogelfutter erreichbar zu machen. Jede Art der Bereitstellung hat ihre Vorteile und ihre Nachteile.

Die Meisen-Knödel zum Beispiel haben den Vorteil, dass sie schnell aufgehängt sind und durch das Hängen in der Luft nicht von Kot oder anderen Abfällen verschmutzt werden können. Heruntergefallene Körner landen auf dem Boden und erfreuen andere Vögel oder kleine Tierchen. Der Nachteil des Meisen-Knödels ist, dass er vollkommen der Witterung ausgesetzt ist. Es gibt kein schützendes Dach und auch Regen, Wind und Schnee haben freies Feld. Die Hauptgäste sind, wie der Name schon sagt, Meisen und die Vielfalt bleibt begrenzt, jedoch bleibt es eine einfache, schnelle und kostengünstige Methode.

Das Futterhäuschen bietet optimalerweise Schutz vor Regen und starkem Wind. So können die hungrigen Gäste in Ruhe fressen. Hier ist darauf zu achten, dass das Futterhaus vor Feinden, wie zum Beispiel einer Katze, geschützt wird. So sollte es so hoch aufgehängt bzw. befestigt werden, dass selbst eine geübte

Springerin unter den Katzen es nicht erreichen kann. Bei Futterhäuschen auf „Stelzen" kann es sein, dass sich auch andere kleine Tiere wie beispielsweise Mäuse bedienen. Hier ist die Hygiene ein kritischer Punkt, da auch Mäuse ihr Geschäft dort verrichten. Um dem vorzubeugen, kann unten an den „Füßchen" des Futterhauses ein Metallbeschlag hilfreich sein, der den ungebetenen Gästen das Hochklettern deutlich erschwert. Die Kletterkünste sind allerdings nicht zu unterschätzen.

Bezüglich der Hygiene ist darauf zu achten, dass das Häuschen regelmäßig gereinigt wird. Das verunreinigte Futter sollte entsorgt werden und der Boden gut geputzt werden, um Kot-Reste zu entfernen und Krankheitsentstehung vorzubeugen.

Eine weitere Art ist das sogenannte „Futtersilo". Das Futtersilo hat den klaren Vorteil, dass es durch seinen Aufbau so konzipiert ist, dass das Futter nicht durch Kot oder andere Abfälle verunreinigt wird. Die Vögel halten sich an einem Stöckchen oder Balken „vor dem Häuschen" fest, während sie aus einer schmalen Rinne die Körner fressen. Sobald Körner unten durch den Spalt weggefressen werden, rutschen von oben frische nach. Das Futter bleibt so frisch und sauber und es entstehen kaum „Essensabfälle". Hier ist auch das

Nachfüllen kein Problem: Je nach Fabrikat kann man oben das Dach abklappen oder es gibt ein „Nachfüllfenster". Der Nachteil für die gefiederten Gäste ist, dass ein Futtersilo kaum Schutz vor der Witterung bietet und sie im wahrsten Sinne des Wortes im Regen stehen lässt.

Sie haben also die Wahl, wie Sie den kleinen Gästen Futter zur Verfügung stellen möchten und Sie wissen nun, was es bei jeder einzelnen Variante zu beachten gibt.

WANN FANGE ICH AN ZU FÜTTERN?

Es gibt auch hier keine pauschale Regelung. Den perfekten Zeitpunkt gibt es nicht, es kommt nämlich auf die Witterung an. So heißt es auch hier, zu beobachten und ganz individuell zu entscheiden. Insgesamt kann man sich gut an den Temperaturen orientieren. Sobald es zu Schnee und/oder Frost und insbesondere Bodenfrost kommt, ist die Nahrungssuche für viele Vögel erschwert und sie freuen sich über eine gedeckte Tafel. Und: Keine Sorge, Vögel finden schnell heraus, wo es Futter zu holen gibt. Nähere Informationen dazu finden Sie in dem Kapitel „Tipps für den Herbst".

WIE VIEL FUTTER BRAUCHEN DIE VÖGEL?

Wie so oft ist auch hier leider keine Pauschalisierung möglich. Ein paar Tipps möchte ich Ihnen jedoch an die Hand geben.

Gerade im Winter ist die schwierigste Phase des Tages die Nacht. Dann ist es dunkel und die klirrende Kälte sorgt für einen hohen Energieverbrauch. Das sorgt dafür, dass gerade in den Morgenstunden die Reserven vieler Vögel aufgebraucht sind. Geben Sie also morgens gern eine etwas größere Portion in das Futterhäuschen oder -silo, sodass die hungrigen Piepmätze ihre Reserven für den Tag auffüllen können. Tagsüber ist es hell und viele Vögel gehen selbstständig auf Nahrungssuche. Um das beizubehalten und ihnen das „Auf-Nahrungssuche-Gehen" nicht abzugewöhnen, da auch Vögel bei der Nahrungssuche den einfachsten Weg gehen, sollte dementsprechend tagsüber weniger Futter bereitgestellt werden. Quasi eine „Unterstützungs–portion". Abends steht wieder die kalte, dunkle Nacht bevor und es müssen wieder Reserven angelegt werden, um sich über Nacht warmhalten zu können. Geben Sie also auch abends gern wieder eine größere Portion in das Häuschen oder Silo, um den hungrigen Gästen durch die Nacht zu helfen.

Insgesamt kommt es natürlich nicht nur auf die Tageszeit an, sondern auch auf die Menge der Besucher der Futterstelle. So soll für jeden Besucher genug da sein und gerade an hochfrequentierten Futterstellen kann das eine ganz beträchtliche Menge sein. Achten Sie also darauf, wie viele Besucher Sie circa bekommen und passen Sie gegebenenfalls die Portionsgröße daran an. Die optimale Menge lässt sich am besten aus Erfahrungswerten schätzen. Wenn also nach der morgendlichen oder abendlichen Fütterung noch Futter übrig ist, darf es nächstes Mal gern etwas weniger sein. Wenn das Futter schneller weg ist als die hungrigen Gäste, fügen Sie gern noch einen Nachschlag hinzu.

ZU WELCHEN ZEITEN SOLL ICH FUTTER NACHFÜLLEN?

Am besten erstellen Sie sich einen eigenen „Fütterungsplan", in dem Sie selbst festlegen, zu welchen Zeiten Sie das Futter circa ausgeben. So können sich die Vögel daran gewöhnen und sich darauf verlassen.

Optimal ist morgens der Zeitpunkt, bevor es richtig hell wird. Die Vögel wachen langsam auf und der

Magen meldet sich. Abends ca. zwei Stunden vor Dämmerung fangen die gefiederten Freunde an, sich auf die Nacht vorzubereiten und gehen auf Nahrungssuche, sodass auch dann ein guter Zeitpunkt ist. Tagsüber gibt es keine speziellen Orientierungspunkte und Sie können den Zeitpunkt selbstständig wählen. Obwohl die Mittagsfütterung lediglich zur Unterstützung dient, ist sie genauso essenziell wie die Morgen- und Abendfütterung. Mit der Mittagsportion helfen Sie den kleinen Gästen durch den Tag, bevor sie sich wieder für die Nacht eindecken müssen.

WAS DÜRFEN VÖGEL AUF KEINEN FALL FRESSEN?

Nachdem Vögel in der Natur zu Hause sind, sind sie, was Nahrung betrifft, definitiv nicht empfindlich. Es gibt jedoch einzelne Dinge, die ihnen mehr schaden als nutzen. So kann zum Beispiel Brot einem kleinen Zaunkönig Bauchschmerzen bereiten. Brot und Kuchenkrümel quellen in dem kleinen Magen auf und sind im Verhältnis zu der Größe weniger nahrhaft als Körner.

Ebenso schädlich wie Brot sind gewürzte und gesalzene Speisen. Man meint es womöglich nur gut und möchte die übrig gebliebenen Salzkartoffeln den Vögeln im Garten spendieren, doch Vorsicht: Der kleine Vogelkreislauf ist mit zu viel Salz und Gewürzen schnell überfordert. In der Natur kommt Salz zwar auch vor und auch Vögel fressen Salzhaltiges, jedoch salzen und würzen wir Menschen Dinge viel stärker als die Natur und so ist der Kreislauf des Vogels maßlos mit der Menge an Salz überfordert. Im schlimmsten Fall kann ein Vogel davon sogar sterben.

Ebenfalls oft gut gemeint und doch mit Vorsicht zu genießen: Küchenabfälle. Wie gesagt, ist es oft gut gemeint, kann jedoch auch schaden. Manche Vögel versuchen sich zum Beispiel an Kartoffelschalen oder gekochtem Reis, jedoch beschränkt es sich dann eben auf einzelne Abfälle und den Rest rühren sie kaum an oder können sich den Magen verderben. Deshalb: Küchenabfälle gehören in den Biomüll oder auf den Kompost und nicht in das Futterhäuschen.

WAS IST, WENN EIN TOTER VO-GEL AN DER FUTTERSTELLE LIEGT?

Eine Situation, die sich niemand wünscht, jedoch in der Natur unvermeidlich ist: „Was ist, wenn an meiner Futterstelle ein toter Vogel liegt?" Hier gilt die höchste Priorität der Hygiene. Der tote Vogel muss entsorgt werden. Vorsicht! Benutzen Sie hierfür Plastikhandschuhe oder einen Plastikbeutel! Fassen Sie das tote Tier niemals mit bloßen Händen an. Sie können ihn entweder im Garten begraben oder im Hausmüll entsorgen. Dann sehen Sie sich die Futterstelle einmal gut an und prüfen, ob etwas anders ist als sonst. Wenn der tote Vogel in einem Futterhäuschen oder dessen naher Umgebung lag, entsorgen Sie die Futterreste, die noch im Häuschen sind und reinigen Sie es gründlich mit heißem Wasser und ggf. Desinfektionsmittel. Lassen Sie das Häuschen gut trocknen, um Schimmeln von Futter und Modern zu vermeiden. Wenn das Häuschen sauber und trocken ist, können Sie die Fütterung fortsetzen. Beobachten Sie trotzdem weiterhin, ob Ihnen etwas Außergewöhnliches auffällt. Sollte es öfter vorkommen, dass Sie tote Tiere in oder um Ihre Futterstelle finden, sollten Sie diese Futterstelle nicht weiter verwenden, sie gehört stillgelegt bzw. entsorgt. Sie können eine neue Futterstelle an einem anderen Ort im Garten aufstellen und dann dort das bunte Treiben beobachten.

WELCHER VOGEL FRISST WAS?

Genau wie zum Beispiel Kinder ein Leibgericht haben und Menschen bestimmte Dinge lieber essen als andere, haben auch Vögel Vorlieben. Es lässt sich eine grobe Einteilung in „Weichfutterfresser", „Körnerfresser" und „Allesfresser" vornehmen.

Weichfutterfresser
Die sogenannten Weichfutterfresser machen ihrem Namen alle Ehre. Sie fressen hauptsächlich Tierisches oder feine Samen wie beispielsweise Mohnsamen. Sie freuen sich über Haferflocken, Rosinen, Hanfsamen, Kleie oder getrocknete Beeren. Ein absoluter Festschmaus sind für Weichfutterfresser in heißem Öl getränkte Haferflocken und Mehlwürmer. Im Folgenden gehen wir etwas näher auf einzelne bekannte Vögel des heimischen Gartens ein.

Das Rotkehlchen (Vogel des Jahres 2021)
Das Rotkehlchen ist ein ca. 14 cm großer Vogel, der seinen Namen seiner orange-roten Kehle zu verdanken

hat. Um das rote Kehlchen legt sich sowohl im Hals- auch im Bauchbereich ein grau-bläulicher Streifen, der Richtung Schwanz ins Gräulich-Schwarze übergeht. Es hat einen dünnen, schwarzen Schnabel und sehr schmale Beinchen.

Anders als bei den meisten anderen Vögeln unterscheiden sich Männchen und Weibchen nicht im Aussehen. Rotkehlchen sind Einzelgänger, die ihr Revier bei Bedarf auch sehr aggressiv und vehement vor Eindringlingen und Feinden verteidigen. Sie sind sowohl Frühaufsteher als auch die Nachteulen unter den Vögeln. Sie sind einer der Ersten, die morgens wach sind, und einer der Letzten, die abends noch singen. Sie fühlen sich in buschreichen Wäldern, Parks und Gärten am wohlsten. Schutz und Deckung suchen sie im Gebüsch oder in Sträuchern. Es ist also sehr wichtig, einen passenden Zufluchtsort in der Nähe zu haben, um sich vor Feinden in Sicherheit bringen zu können.

Zu ihren Leibspeisen gehören definitiv Larven und Würmer (z. B. Regenwürmer), sie sind jedoch, was das Futter betrifft, wenig wählerisch. Wichtig ist, dass es sich um weiche Kost handelt, da Rotkehlchen zu den sogenannten Weichfutterfressern gehören. Wenn sie also im Frühling, Sommer und Herbst fast eigenständig auf Futtersuche gehen, fressen sie gern Käfer, Spinnentiere, Larven, Würmer und andere Insekten.

Im späten Herbst oder Winter satteln sie auf Beeren und Früchte um. Sie fressen sowohl gern Waldbeeren, Holunderbeeren, Himbeeren, Wacholderbeeren, Sanddornbeeren, Johannisbeeren und Efeu als auch Äpfel, Birnen und Pflaumen. Wenn Sie Rotkehlchen im Winter eine Freude machen wollen, dann stellen Sie ihnen etwas Butter, Haferflocken und Pflaumenmus zum Festmahl hinaus. Natürlich freuen sich Rotkehlchen auch über anderes Futter.

So fressen sie auch gern gehackte Nüsse, Rosinen, Getreideflocken und sehr gern Mehlwürmer (im Zoofachhandel erhältlich). Die Speisekarte für Rotkehlchen lässt also genug Freiraum für verschiedene Kombinationen. Diejenigen unter Ihnen, die gleich in die Praxis starten möchten, finden hier eine Anleitung, wie Sie „Eine Tasse für die Rotkehlchen" ganz einfach und im Handumdrehen selbst herstellen können:

Eine Tasse für das Rotkehlchen

Das brauchen Sie: (für 2 kleine bis mittelgroße Tassen)

- Zwei Ca. 30 cm lange, stabile Schnur (zum Beispiel aus Jute)
- Zwei 20 cm lange Stöckchen, ca. Fingerdicke

- Zwei kleine bis mittelgroße Tassen (oder eine große Tasse) – am besten ausrangierte Tassen, da diese als Futterstelle dienen.

- 150 Gramm Fett (zum Beispiel Rindertalg – beim Metzger erhältlich – oder alternativ andere Fette wie zum Beispiel Kokosfett)

Notiz: Wegen des höheren Energiegehalts werden tierische Fette bevorzugt.

- Einen Schuss Speiseöl

- 150 Gramm Futtermischung aus gehackten Nüssen, Getreideflocken, Rosinen und, wer möchte, Mehlwürmern (erhältlich im Zoofachhandel)

So geht's:

1. Geben Sie das Fett (Rindertalg oder Kokosfett) in den Topf und lassen Sie es bei geringer Temperatur schmelzen (Vorsicht! Zu hohe Temperaturen verändern die chemische Struktur des Fettes).

2. Geben Sie einen Schuss Speiseöl hinzu (er macht die Masse später geschmeidig und verhindert das Bröckeln).

3. Nehmen Sie den Topf von dem Herd und rühren die Körnermischung ein. Rühren Sie so lange, bis eine homogene Masse entstanden ist.

4. Nun muss die Masse etwas auskühlen, sodass nach dem Umfüllen in die Tasse die Körner nicht zu Boden sinken. Während des Auskühlens immer wieder umrühren, um das Absetzen zu vermeiden.

5. Ist die Masse nun so gestockt, dass die Körner nicht mehr zu Boden sinken können, füllen Sie die Masse ca. zu gleichen Teilen in die Tassen. Dann nehmen Sie jeweils ein Stöckchen und Stechen es ca. einen Fingerbreit von dem Tassenrand entfernt auf der gegenüberliegenden Seite des Henkels in das Futter bis auf den Boden der Tasse. Es ist Absicht, dass das Stöckchen heraussteht. So können die Rotkehlchen sich gut festhalten.

6. Nun bringen Sie die Tassen an einen kühlen Ort (hier eignet sich ein Keller sehr gut oder bei passender Temperatur der Balkon oder die Terrasse).

7. Lassen Sie die Tassen dort am besten über Nacht stehen und komplett aushärten.

8. Wenn alles fest und das Fett ausgehärtet ist, binden Sie die Schnur jeweils an den Henkel der Tasse und verknoten sie gut.

9. Die Futter-Tasse für Rotkehlchen ist jetzt fertig und kann im Garten am Baum aufgehängt werden. Möge das Festmahl beginnen!

Wichtig:

Das verwendete Fett sollte auch bei Plusgraden bis ca. 15 Grad nicht flüssig werden oder weich werden, sonst kann sowohl das Futter herausfallen als auch das Gefieder der Vögel verschmutzt werden.

Tipp: Platzieren der Rotkehlchen-Tassen

Wählen Sie einen schattigen Ort. Auch im Winter kann die Sonne das Fett in den Tassen schmelzen!

Der Zaunkönig

Der Zaunkönig ist ein kleiner, ca. 9 cm großer Vogel. Der Teil „König" in seinem Namen entstammt, wenn man der Sage glaubt, daher, dass er der Vogel ist, der am höchsten fliegen kann. Allerdings hat der raffinierte Winzling hier ordentlich getrickst. Er ist nämlich nicht selbst geflogen, sondern reiste als blinder Passagier auf dem Rücken eines Adlers, der ihn aufgrund seines Gewichts von nur ca. 10 Gramm nicht bemerkte. So galt ihm seitdem der Name „König".

Wenn man nun den kompletten Namen „Zaunkönig" nimmt, so ist dies absolut stimmig mit seinem Verhalten. Beobachtet man den Zaunkönig lange genug, während er seinen Alltag lebt, so kann man feststellen, dass es kaum einen Zaun gibt, vor dem er Halt macht. Der 9 cm kleine, gefiederte Singvogel gibt nämlich alles, um durch Zäune hindurchzukommen. Er zerrt, biegt und drückt so lange an dem Zaun herum, bis er laut und schrill trillernd seinen Sieg verkünden kann.

Das laute und kräftige Trällern seines Liedes ist der maßgebliche Unterschied zwischen dem männlichen und weiblichen Zaunkönig. So sind die Männchen laut und schrill, während die Weibchen höchstens leise im Hintergrund ihr Lied singen. Optisch unterscheiden sie sich kaum. Beide haben ein hellbraunes Gefieder und eine leicht weißliche Brust. Über den dunklen Augen zeichnet sich ein heller Überaugenstrich ab und sein spitzer Schnabel und die kräftigen Krallen sind ihm eine große Hilfe, wenn es an die Bearbeitung eines Zaunes geht. Zaunkönige sind sehr anpassungsfähige Vögel. Ihren Lebensraum suchen sie nach folgenden Kriterien aus: Nahrung, Schutz und Nistgelegenheit. Beliebte Plätze sind im Unterholz von Wäldern, Feldgehölze, Parks und Gärten oder innerhalb eines Ortes Hecken, Sträucher oder Nischen und schützende Mauern.

Wenn es um den Nestbau geht, so gibt es hier eine Besonderheit. Die Männchen bauen nämlich gleich mehrere Nester und das Weibchen sucht sich ein Nest aus und signalisiert ihre Wahl damit, dass sie beginnt, es auszupolstern. Während dann das Weibchen im

Nest die Eier ausbrütet, ist der Mann schon wieder unterwegs. Aber nicht etwa zur Futtersuche, nein, er wirbt bereits um eine nächste Dame.

Auf Futtersuche gehen sie meist im Unterholz im Wald und in Büschen und Sträuchern am Wald- und Feldrand oder im Garten. Dort finden sie Spinnen, Ameisen, Heuschrecken, Eichenwickler, Stechmücken, Larven, Insekten und anderes kleines Getier. Manchmal suchen sie auch kleine Insekten und Larven an Bachufern. Gerade im Unterholz, in Baumspalten und Rindenritzen sind ihnen ihre Größe und der spitze Schnabel eine große Hilfe. So kommt ein Zaunkönig auch in den letzten Winkel und den kleinsten Spalt. Während im Sommer die Nahrungssuche hauptsächlich auf kleines Getier wie Spinnen, Asseln, Larven und andere Insekten ausgerichtet ist, wandelt sich sein Nahrungsstil in den kälteren Jahreszeiten zum Vegetarismus.

Im Winter sind Beeren wie bspw. Holunderbeeren und kleine Sämereien ein willkommenes Mahl. Bei der Fütterung freut sich der Zaunkönig über kleine Sämereien, Rosinen, weiche Haferflocken und Mehlwürmer (im Zoofachhandel erhältlich) mit ein bisschen Fett (beispielsweise Butter), um mehr Energie aufzunehmen. Sollten Sie einmal einen Zaunkönig zu Gast in

Ihrem Garten haben, achten Sie mal darauf, wann er singt und trällert. Man sagt ihm nämlich hinterher, er sei der Pünktlichste mit einer sehr genauen, inneren Uhr und würde jeden Tag zur selben Uhrzeit singen.

Die Amsel

Amseln sind ca. 25 cm groß und haben ein schwarzes Gefieder. Der Schnabel ist gelb und die Augen von einem gelben Ring ummalt. Es dauert mehrere Jahre, bis sich das Gefieder komplett schwarz und der Schnabel komplett gelb gefärbt hat. So sind junge Amseln womöglich noch dunkelgrau-schwarz und haben noch einen Rest schwarz an ihrem Schnabel. Amseln waren früher reine Waldvögel. Mit der Zeit wurde ein großer Teil ihres Lebensraumes durch uns Menschen zerstört und in der Not flüchteten sie oft in Städte. So bauen sie heute ihre Nester an Balkonkästen, auf Dachbalken, und an, in oder um Lampen. Nicht alle Amseln sind in die Stadt geflohen, es gibt sie auch auf dem Dorf und vornehmlich im Unterholz von Laub- und Mischwäldern. Dort finden sie auch gut Nahrung, denn im Unterholz wimmelt es nur so vor Würmern, Spinnen, Ameisen und anderen Insekten.

Hier schert die Amsel sich auch um nichts und zieht ihre Nahrung auch gern aus dem Boden. Sie frisst außerdem gern Schnecken, Früchte und Beeren. Bei ihrer Futtersuche sind sie besonders raffiniert. Sie wenden Falllaub und halten Ausschau nach Insekten, ziehen Futter aus der Erde, die von Maulwürfen beim Graben an die Oberfläche befördert wird, und suchen im Winter sogar unter dem Schnee nach Essbarem. Bei der Fütterung im Winter begeistert man Amseln mit Beeren und Früchten, Hanfsamen und feinen Getreidekörnern. Die Frage, ob Amseln eher Schädlinge oder Nützlinge sind, ist nicht eindeutig zu beantworten.

So sind zum Beispiel Spatzenjunge oft Opfer der Nahrungssuche. Amseln leeren das Nest aus und scheuen nicht davor zurück, die Jungen zu verspeisen. So grausam dies klingt, sind sie auch wichtige Schädlingsbekämpfer. Sie fressen Wanzen, Bockkäfer und Junikäfer. Obstbauern und Obstbaumbesitzern sind sie oft ein Dorn im Auge, wenn sie sich über die Kirschen hermachen. Die Schaden-Nutzen-Frage ist Ansichtssache und auch, wenn sie die eine oder andere Kehrseite mit sich bringen, sind sie gerade in der Land- und Forstwirtschaft tüchtige Helfer. Für die Praktiker unter Ihnen gibt es hier nun die Chance, sich gleich auszuprobieren:

Eine Futterglocke für die Amsel

Das brauchen Sie:

- Ca. 45 cm stabile Schnur wie zum Beispiel eine Gartenschnur aus Jute. Sie dient zum Aufhängen der Glocke.

- Einen Tontopf (ca. 10 cm Durchmesser); wer möchte, kann auch leere Kokosnusshälften benutzen (hier muss nur jeweils in jede Hälfte in der Mitte ein Loch gebohrt werden, um sie später aufhängen zu können).

- Ein Zweig oder Stöckchen (ca. 20 cm lang)

- Ca. 150 Gramm Fett (zum Beispiel Rindertalg – beim Metzger erhältlich – oder alternativ andere Fette wie zum Beispiel Kokosfett)

Notiz: Durch den höheren Energiegehalt werden tierische Fette bevorzugt.

- Einen Schuss Speiseöl (z. B. Sonnenblumenöl)

- Ca. 150 Gramm Futtermischung (zusammengesetzt aus Haferflocken, Apfelstücken, Rosinen, geschälten Sonnenblumenkernen, gehackten Nüssen, getrockneten Beeren und Mehlwürmern (erhältlich im Tierfachhandel))

So geht's:

1. Geben Sie das Fett (Rindertalg oder Kokosfett) in den Topf und lassen Sie es bei geringer Temperatur

schmelzen (zu hohe Temperaturen verändern die chemische Struktur des Fettes).

2. Geben Sie einen Schuss Speiseöl hinzu (er macht die Masse später geschmeidig und verhindert das Bröckeln).

3. Nehmen Sie den Topf von dem Herd und rühren die Körnermischung ein. Rühren Sie so lange, bis eine homogene Masse entstanden ist.

4. Nun muss die Masse etwas auskühlen, sodass nach dem Umfüllen in den Tontopf die Körner nicht zu Boden sinken. Während des Auskühlens immer wieder umrühren, um das Absetzen zu vermeiden.

5. Während des Wartens machen Sie einen dicken Knoten mit den beiden Enden der Schnur, der das Loch des Tontopfes sicher verschließt. (Wer auf Nummer sicher gehen möchte, der legt zwei Zahnstocher oder ein kleines Ästchen durch die Schlaufe quer über das Loch, sodass der Knoten auch im Nachhinein nicht herausrutscht).

6. Ist die Masse nun so gestockt, dass die Körner nicht mehr zu Boden sinken können, füllen Sie die Masse in den Tontopf.

7. Stecken Sie nun den Zweig ca. in die Mitte und lassen die Masse auskühlen. Bis alles komplett ausgehärtet ist, stellen Sie es am besten über Nacht an einen

kühlen Ort (zum Beispiel in den Keller oder – wenn das Wetter passt – auf den Balkon oder die Terrasse.).

8. Wenn alles fest und ausgehärtet ist, dann können Sie die Glocke aufhängen und hoffentlich bald erste Gäste empfangen.

Wichtig:

Das verwendete Fett sollte auch bei Plusgraden bis ca. 15 Grad nicht flüssig werden oder weichen, sonst kann sowohl die Futterglocke kaputtgehen als auch das Gefieder der Vögel verschmutzt werden.

Tipp: Platzieren der Amsel-Glocke:
Wählen Sie einen schattigen Ort. Auch im Winter kann die Sonne das Fett in dem Tontopf schmelzen!

Der Star *(Vogel des Jahres 2018)*

Der Star ist ca. 22 cm groß und hat ein dunkelbraun-schwarz glänzendes Gefieder mit weißen Punkten und einen gelben Schnabel. Dieses Prachtkleid trägt er hauptsächlich im Frühling und Sommer. Im Herbst und Winter, wenn die Balz vorüber ist, tauscht er sein Prachtkleid gegen ein schlichtes, mattes Braun. Weibchen und Männchen unterscheiden sich nicht durch ihr Gefieder, sondern durch ihre Größe bzw. ihr Gewicht. Männchen sind größer und schwerer, während die Damen etwas kleiner und leichter sind. Sie beziehen ihre Brutgebiete im Februar und halten Ausschau nach alten Specht-Höhlen, Astlöchern oder Nistkästen, um ihre Eier auszubrüten. Sie scheuen auch nicht vor sogenanntem Brutparasitismus zurück. Das heißt, dass sie ihre Eier auch gern in fremde Nester legen und dafür deren eigene Eier aus dem Nest stoßen.

Ein Männchen hat oft mehrere Weibchen. Während Stare den Winter hauptsächlich im Süden verbringen, sind sie sehr pünktlich und zuverlässig, oft schon im Februar, wieder in der Heimat. Wenn dann im Februar oder März noch einmal ein später Wintereinbruch kommt, werden sie häufig böse überrascht und sind auf Futterstellen angewiesen. Ihr natürlicher Lebensraum sind vor allem Waldränder von Laub- und Mischwäldern, Obstwiesen und -gärten, Parks, Gärten und Felder. Genauso wie der Lebensraum ist auch die Nahrungsauswahl sehr vielfältig. So fressen Stare während der Brutzeit gern Engerlinge, Maikäfer, Heuschrecken, Schnecken, Würmer und andere Insekten. In den kälteren Jahreszeiten fressen sie gern Obst, Samen, Haferflocken und Beeren (Holunderbeeren, Efeu, die Beeren der Eberesche, Maulbeeren, Heidelbeeren und Kirschen).

Da sie sehr gern Kirschen fressen, sind sie Obstbauern oft eine Last. Nichtsdestotrotz sind sie auch
sehr nützliche Schädlingsbekämpfer. Durch das Fressen insbesondere der Raupen des Eichenwicklers blie-
ben viele Eichen unbeschädigt und von sogenanntem
„Kahlfraß" verschont. Wenn es hart auf hart kommt,
werden Stare sehr kreativ. Wenn im Winter die Natur
von einer Schneedecke bedeckt ist, lassen sie sich gern
von Schafherden helfen. Sie nutzen nämlich die freige-
scharrte Fläche, um nach Nahrung zu suchen. Da sie
auf diese Art und Weise im Winter nicht ausreichend
Futter finden, nutzen sie gern Futterstellen, die mit
Obst, kleinen Sämereien (z. B. Hanfsamen), Rosinen
und zarten Haferflocken bestückt sind.

Körnerfresser

Wie der Name schon sagt, handelt es sich bei Körner-
fressern um Vögel, die sich hauptsächlich von Körnern
ernähren. Sie sind mit einem stabilen Schnabel ausge-
stattet, der ihnen dabei hilft, Schalen und Hülsen auf-
zuknacken, um an Früchte und Kerne zu kommen. Ei-
nige der bekanntesten Körnerfresser sind Finken und
Sperlinge.

Der Fink

Wenn es um „den Finken" geht, dann ist das Feld sehr
weit, denn „den Finken" gibt es nicht. Der Name

„Finken" bezeichnet eine ganze „Familie", die sehr artenreich ist. Zu dieser Familie gehören der Buchfink, der Bergfink, der Stieglitz, der Girlitz, der Kernbeißer, der Bluthänfling, der Grünfink, der Gimpel (auch Dompfaff genannt) und der Polarbirkenzeisig. Insgesamt sei gesagt, dass durch diese Artenvielfalt und die dadurch entstandene Spezialisierung der Schnäbel und somit auch der Nahrungssuche und Futteraufnahme die Konkurrenz der verschiedenen Finken überschaubar ist. Grundsätzlich gilt: Desto spezialisierter ein Vogel (bzw. ein Lebewesen), desto geringer die Konkurrenz.

In diesem Abschnitt gehen wir auf die Finkenart des Gimpels näher ein. Der Gimpel ist ein ca. 15 cm großer Vogel, dessen in Männlein und Weiblein sich gut anhand ihres Gefieders unterscheiden lassen. Das Weibchen hat eine unauffällige gräulich-braune Brust, einen grauen Rücken und eine schwarze Kappe auf dem Kopf. Ebenso wie das Weibchen trägt auch das Männchen eine schwarze Kappe auf dem Kopf, besticht jedoch durch seine leuchtend-rote Brust und den gräulich-bläulichen Rücken. Der Schnabel ist bei beiden kurz und gedrungen.

Sie leben gern in Wäldern, Parks, Gärten mit Bäumen, auf Friedhöfen und im Feldgehölz. Dementsprechend sind sie im Frühling und Sommer oft selten an Futterstellen zu finden. Sie sind selbstständig mit der Futtersuche beschäftigt und sammeln Samen, Früchte und Knospen. Die Früchte des Ahorns und der Esche sind sehr beliebt, genauso wie Beeren (Erdbeeren, Holunderbeeren, Sanddornbeeren, Vogelbeeren und Weinbeeren) und andere weichschalige Früchte. Sie fressen auch hin und wieder Blattläuse, Eichenwickler und Kahneulchen (eine Schmetterlingsart) und helfen so, gerade in Wäldern und Gebieten mit zahlreichen Bäumen und Sträuchern, die Schädlinge in Schach zu halten.

Zur Brutzeit (im Frühling bis Frühsommer) sammeln sie für ihre Jungen auch mal Larven und andere Insekten. Ansonsten lebt der Gimpel größtenteils vegetarisch. Im Winter kommt der Gimpel gern an Futterhäuschen und macht sich über einen gedeckten Tisch her. Besonders beliebt sind hier Sonnenblumenkerne, gehackte Erdnüsse und gehackte Haselnüsse. Sie kommen oft zu zweit zur Futterstelle, denn der Gimpel führt mit seinem Weibchen eine mehrjährige Dauer-Ehe. Ihr Nest bauen sie gern in Nadelbäumen und ein edler Tropfen ist für den Gimpel der Saft, der aus verletzten Baumstämmen hervortritt.

Der Spatz (Haussperling)

Der Haussperling, im Volksmund auch Spatz genannt, ist ein ca. 16 cm großer Vogel. Männchen und Weibchen unterscheiden sich im Aussehen. Das Weibchen hat eher sanftes und blasses Gefieder. Der Bauch ist gräulich, während der Rücken eher in Richtung braun geht. Sie haben einen hellbraunen Kopf und einen weißen Augenstrich. Die Männchen sind, was die Farbe des Gefieders angeht, deutlich auffälliger. Ein sattes, braunes Rückengefieder steht im Kontrast zu dem helleren Bauchgefieder. Die Kehle ist schwarz und verläuft sich dann in dem hellen Brustgefieder. Der Kopf ist ebenso markant. So hat der männliche Spatz einen grauen Scheitel, helle Wangen und schwarze Augenpartien. Der Hinterkopf und die Seiten sind braun gefärbt. Beide, Weibchen und Männchen, haben einen kurzen, kräftigen Schnabel.

Im Laufe der Jahre ist der Spatz schon sehr oft von dem Menschen als Feind bezichtigt worden. Er war unbeliebt, weil er sich über Futterplätze hermachte, die für andere Gäste gedacht waren, und galt lange Zeit als „Schädling der Landwirtschaft". So entschied man im Jahr 1950 in Deutschland, den Spatzen Einhalt zu gebieten. Spatzen wurden durch das Ausstreuen von teilweise grün gefärbtem Weizen ca. eine Woche vor der tatsächlichen Bekämpfung systematisch angelockt. Während dieser Woche streute man immer stärker grün gefärbten Weizen und die Vögel fielen darüber her. Als nun der Tag der Bekämpfung kam, streute man auch grün gefärbten Weizen. Allerdings war dieser Weizen mit Strychnin-Nitrat, einer hochgiftigen Chemikalie angereichert. Die Spatzen fraßen den vergifteten Weizen und ca. 90 bis 95 % eines Dorfbestandes an Spatzen verendeten qualvoll.

Der Hass auf die Spatzen war so groß, dass der Bevölkerung der Gift-Tod für die Vögel zu teuer wurde und ein Kopfgeld von fünf bis zehn Pfennig pro totem Spatzen ausgesetzt wurde. Gerade Kinder und Jugendliche griffen diese Gelegenheit beim Schopfe und schossen fleißig Vögel aus der Luft und dem Gebüsch. Leider fehlte das Wissen, welcher Vogel nun tatsächlich ein Spatz war, oder ob es nun ein Zaunkönig war, der gerade getötet wurde. Die Tötungsaktionen waren eher mäßig erfolgreich, sodass sie kurz darauf eingestellt wurden.

Wie bereits am Anfang erwähnt, gab es in China im Jahre 1958 eine ähnliche Situation. Spatzen wurden gejagt und als Plage betitelt. Dort wurde das Ziel vehementer verfolgt und ca. zwei Milliarden Spatzen getötet. Die Folge waren Ernteschäden und Hungersnöte.

Sogar der Tod blieb nicht aus. Der Spatz ist nämlich ein fleißiger Schädlingsfresser. So frisst er zum Beispiel Bettwanzen und Heuschrecken und hilft dabei, diese in Schach zu halten. Der Spatz frisst also womöglich Körner von den Feldern und stößt damit auf wenig Begeisterung, jedoch wäre ohne ihn eine so reiche Ernte vermutlich nicht möglich. Die kleinen Piepmätze sind in Wäldern, hauptsächlich jedoch in halb offenen und offenen Landschaften und an Feldrändern zu Hause. Dort sammeln sie im Frühling und Sommer Sämereien, Knospen, Insekten, Früchte und verschiedene Beeren. Wenn sie im Winter Futter an Futterstellen suchen, sind gehackte Nüsse, Sonnenblumenkerne, Rosinen, Früchte und Sämereien ein Gaumenschmaus für Spatzen.

Spatzen-Platz

Spatzen sind nicht wählerisch, was den Platz betrifft, freuen sich jedoch gerade im Winter, wenn Sie sich an einem Futterhaus oder Futtersilo bedienen können.

Für die kleinen Gartenlieblinge eignen sich Sonnenblumenkerne, (gehackte) Haselnüsse, Rosinen, getrocknete Beeren und Samen besonders gut. Sie werden sich auch nicht scheuen, etwas von den Meisen-Knödeln zu stibitzen, denn sogenanntes „Fettfutter" ist ihnen auch sehr recht.

Wenn Sie den Spatzen in Ihrem Garten eine besondere Freude bereiten wollen, stellen Sie ihnen eine Badewanne zur Verfügung. Ein Vogelbecken oder eine große Schale mit Wasser stillt nicht nur den Durst, sondern bringt Badespaß mit sich. Um den Spatzen-Platz zum Paradies für Spatzen zu machen, fehlt nur noch ein Sand-Platz. Einen Sandplatz können Sie entweder ganz einfach mit einer flachen Schale mit Sand in den Garten bringen oder Sie graben eine Kuhle in den Boden und füllen dort Sand auf. Der Ausdruck „Dreckspatz" rührt nämlich daher, dass Spatzen äußerst gern im Sand und „Dreck" baden. So halten sie ihr Gefieder sauber und schützen sich vor Schädlingen.

Es gilt also: Mit Wasser, Sand und Leckerei locke ich den Spatz herbei.

Die Ammer

Die Familie der Ammern ist groß. In Deutschland ist die Rohrammer sehr verbreitet. Es handelt sich um einen ca. 15 cm großen Vogel. Das Männchen trägt ein braunes Federkleid auf dem Rücken, sein Bauch ist gräulich und der Kopf schwarz. Den Nacken ziert ein weißer Kragen. Ein besonderes Merkmal stellt die weiße Zeichnung seitlich des Schnabels dar, sie ähnelt nämlich einem Schnurrbart.

Die Weibchen sehen den Männchen ähnlich, lassen sich jedoch durch die blasseren Farben und die weniger intensive Schnurrbartzeichnung von den Männchen unterscheiden. Rohrammern halten sich gern im Schilf und an Gewässern auf. Durch die Zerstörung und Wandlung ihres natürlichen Lebensraumes wandern auch sie immer mehr in bewirtschaftete Gebiete mit Landwirtschaft und Gärten ein. Dort finden sie während der Brutzeit Spinnen, kleine Schnecken und andere Insekten, um sich selbst und ihre Jungen zu ernähren. Außerhalb der Brutzeit fressen sie hauptsächlich Gräser-Samen. Wenn der Winter einbricht, verlassen einzelne Rohrammern Deutschland und ziehen Richtung Mittelmeer, während der Großteil ihrer Art in Deutschland überwintert. In dieser kalten Jahreszeit ist eine Futterstelle im heimischen Garten eine große Freude für die Rohrammer. Kleine Sämereien wie Mohn- oder Hanfsamen und Gräser-Samen stillen ihren Appetit und liefern Energie für den Tag und die kalte Nacht.

Allesfresser

Die Allesfresser sind, wenn man es so möchte, die flexibleren Weichfutterfresser. Sie stellen ihre Nahrung im Winter auf Körner und Samen um, während sie das restliche Jahr Weichfutterfresser sind. Die bekanntesten unter ihnen sind Meise, Specht und Kleiber.

Die Meise

Die Familie der Meisen ist groß: von der Blaumeise über die Balkanmeise bis hin zur Kohlmeise. Über die Kohlmeise möchte ich Ihnen gern etwas mehr erzählen. Der ca. 14 cm große Vogel gehört zu den Singvögeln. Das Männchen und das Weibchen sind zuverlässig an der Farbintensität des Gefieders und der unterschiedlichen Breite des Striches am Bauch zu unterscheiden. So sind die Federn des Weibchens deutlich blasser und der Streifen etwas schmaler als beim Männchen. Das Gefieder ist am Bauch weiß bis hellgelb und auf dem Rücken blau bis blau-gelb. Ihren Namen „Kohl"meise tragen sie, weil ihre Kappe auf dem Kopf so schwarz wie Kohle ist. Sie halten sich besonders gern in Parks, Kleingärten, Wäldern und buschigen Feld- und Wiesenrändern auf. Ihre Nahrung finden sie auf dem Boden und an Rinden von Bäumen. Sie fressen gern Larven, Raupen, Spinnen, Blattläuse, Würmer und andere Insekten, allerdings auch gern Nüsse, Beeren, Knospen und Sämereien.

Sie helfen also, wie viele andere heimische Vögel, die Schädlinge von Kulturpflanzen wie bspw. Tomaten kontinuierlich gering zu halten. Meisen leiden allerdings zum Beispiel sehr unter der aktiven Schädlingsbekämpfung der Menschen mit chemischen Schädlingsbekämpfungsmitteln. Gerade während der ersten Brut sind oft tote Jungvögel in Meisen-Nestern vorzufinden. Sie sind verhungert, weil durch das viele Spritzen von Pestiziden und Insektiziden die Insekten ausbleiben, die für die Jungtiere als Nahrung notwendig sind.

Erwachsene Meisen sind raffinierte Nahrungssucher, die auch kreativ werden, wenn es um Futter geht. Sie halten bspw. Nüsse mit den Zehen fest, um sie mit dem Schnabel knacken zu können. Über Nüsse, Körner, Samen, Früchte und Haferflocken freuen sie sich während der Futtersaison bestimmt. Gerade die allseits bekannten Meisen-Knödel sind ein gern gesehenes Festmahl und leicht nachzumachen. Probieren Sie es gern aus:

Meisen-Knödel selbst machen
Das brauchen Sie:

- Ca. 40 cm stabile Schnur (pro Knödel) wie zum Beispiel eine Gartenschnur aus Jute. Sie dient zum Aufhängen der Knödel.
- Ca. 150 Gramm Fett für 1 bis 2 Meisen-Knödel (zum Beispiel Rindertalg - beim Metzger erhältlich – oder alternativ andere Fette wie zum Beispiel Kokosfett).

- <u>Notiz:</u> Durch den höheren Energiegehalt werden tierische Fette bevorzugt.
- Einen Schuss Speiseöl (z. B. Sonnenblumenöl)
- Ca. 150 Gramm Körnermischung (Sonnenblumenkerne, gehackte Erdnüsse und andere Nüsse kommen bei Meisen besonders gut an)

So geht's:

1. Geben Sie das Fett (Rindertalg oder Kokosfett) in den Topf und lassen Sie es bei geringer Temperatur schmelzen (zu hohe Temperaturen verändern die chemische Struktur des Fettes).

2. Geben Sie einen Schuss Speiseöl hinzu (er macht die Masse später geschmeidig und verhindert das Bröckeln).

3. Nehmen Sie den Topf vom Herd und rühren die Körnermischung ein. Rühren Sie so lange, bis eine homogene Masse entstanden ist.

4. Nun heißt es warten und beobachten: Die Futtermasse muss auskühlen, um formbar zu werden, darf jetzt allerdings noch nicht aushärten. Rühren Sie immer wieder um, um ein Absetzen der Körner zu vermeiden und achten Sie dabei auf die Konsistenz. Beachten Sie: Hier kann es nützlich sein, an einen Ort mit kühlerer Umgebungstemperatur zu gehen oder die

Masse in ein anderes Gefäß zu schütten, so kann die Masse schneller abkühlen und die Wartezeit verkürzt sich.

5. Während Sie warten und immer wieder umrühren, nehmen Sie die Schnur in die Hand und verknoten die beiden Enden, sodass eine Schlaufe entsteht. Das wird die Aufhängung des Meisen-Knödels.

6. Wenn die Konsistenz circa der einer etwas festerer Knetmasse oder einem homogenen Hefeteig entspricht, dann nehmen Sie die Schnur und fangen an, vorsichtig, Stück für Stück, die Masse um den Knoten zu „kleistern".

Beachten Sie: Umso länger Sie die Masse in den Händen halten, desto weicher wird sie durch die Körperwärme.

7. Ganz nach Ihrem Wunsch können Sie entweder mehrere kleine oder einen großen Knödel formen.

Beachten Sie: Umso größer die Knödel, desto länger dauert es, bis sie ausgehärtet ist.

8. Wenn die Masse aufgebraucht ist und Sie alle Knödel geformt haben, legen Sie sie auf einen Teller oder ein Backpapier und bringen sie an einen kühlen Ort (hier eignet sich ein Keller sehr gut oder bei passender Temperatur der Balkon oder die Terrasse).

9. Lassen Sie die Knödel dort am besten über Nacht liegen und komplett aushärten.

10. Nun sind die Meisen-Knödel fertig! Jetzt können Sie das Buffet eröffnen!

Wichtig:

Das verwendete Fett sollte auch bei Plusgraden bis ca. 15 Grad nicht flüssig werden oder aufweichen, sonst kann sowohl der Meisen-Knödel kaputtgehen als auch das Gefieder der Vögel verschmutzt werden.

Tipp: Platzieren der Meisen-Knödel

Wählen Sie einen schattigen Ort. Auch im Winter kann die Sonne das Fett der Knödel schmelzen!

Der Specht

Man hört ihn schon lange, bevor man ihn tatsächlich sieht. Er trommelt mit seinem Schnabel gegen trockene Äste, um Weibchen zu beeindrucken, und zimmert lautstark Höhlen in alte Bäume, die er nicht nur selbst verwendet, sondern die auch anderen Vogelarten als Brutplatz dienen. Hier geht es um den Specht. Da es aufgrund der Artenvielfalt von an die zweihundert verschiedenen Specht-Arten schwierig ist, auf alle einzugehen, beschränken wir uns nun stellvertretend für die Specht-Familie auf den Buntspecht. Sein Gefieder ist auf dem Rücken schwarz, am Bauch weiß und unter dem Schwanz rot. Die Seiten des Kopfes und die Stirn sind weiß und der Rest des Kopfes ist bei dem Weibchen schwarz und bei dem Männchen schwarz mit einem waagerechten roten Streifen im Nacken. Der Schnabel des Buntspechtes ist etwas länger und sehr stabil und, wenn man so will, sein „Kapital".

Buntspechte sind ca. 23 cm groß und fühlen sich in Mischwäldern, auf Friedhöfen, in Parkanlagen und großen Gärten wohl. Wichtig ist, dass es Bäume gibt, vornehmlich ältere. Sie sind gut an das Leben an und in Bäumen angepasst. Das senkrechte Klettern ist für sie kein Problem und durch eine ausgeklügelte Schädelanatomie kann er nach Lust und Laune zimmern, ohne seinem Hirn Schaden zuzufügen. Mit dem Schnabel kann er Baumrinden aufmeißeln und mit seiner langen, klebrigen Zunge kann er gut in Insektengänge eindringen, um Nahrung herauszufischen.

Der Buntspecht ernährt sich von Würmern, Larven, Raupen, Insekten, Jungvögeln anderer Vogelarten, Sämereien, Nüssen und Beeren, wobei im Frühling und Sommer eher Insekten, Larven und andere tierische Nahrung bevorzugt wird, während sie im Winter gern auf Bucheckern und Nadelbaumsamen zurückgreifen oder sich an Futterstellen gern an Nüssen und

Sonnenblumenkernen bedienen. Die Jungen des Spechtes bekommen hauptsächlich Insekten zur Nahrung. Diese liefern mehr Energie und sind leichter zu schlucken. Wussten Sie, dass der Buntspecht mit nur elf bis 13 Tagen Brutzeit mitunter zu den (in Deutschland vorkommenden) Vogelarten gehört, die sich den Rekord um die kürzeste Brutzeit teilen müssen?

Der Kleiber

Mit ca. 14 cm Körpergröße ist der Kleiber etwa so groß wie ein Spatz. Durch seinen langen Schnabel, seinen kurzen Schwanz und den kurzen Hals wirkt sein Körper sehr gedrungen. Das Federkleid von Männchen und Weibchen unterscheidet sich lediglich darin, dass die Flanken der Weibchen etwas weniger farbintensiv sind. Das Gefieder ist auf dem Rücken grau und auf dem Bauch ockergelb. Die Flanken sind rostbraun und das Kehlchen und die Wangen weiß. Vom Schnabelansatz führt ein schwarzer Strich geradewegs durch das Auge bis zu den hinteren Seiten. Kleiber sind überall dort zu finden, wo es Mauerspalten und alte Specht-Höhlen gibt, die als Brutplatz dienen.

Die Spezialität des Kleibers ist das sogenannte Zukleibern (zukleben/zukleistern) – daher auch sein Name – von Höhleneingängen mit Erde oder Lehm, bis sie perfekt auf seine Größe abgestimmt sind, um sich vor Feinden zu schützen. Sie sind vor allem in Mischwäldern, Gärten, Parks und Alleen zu finden. Der Kleiber ist ein echter Kletterkünstler, denn er kann als einziger einheimischer Vogel Kopf voraus den Stamm nach unten spazieren. Das ist ihm auch bei der Futtersuche hilfreich, denn er klemmt zum Beispiel Haselnüsse in Rindenspalten und meißelt sie dann mit seinem Schnabel auf. Außer einer Vielfalt von Nüssen (Haselnüsse, Walnüsse und Erdnüsse) gehören auch Samen, Spinnen und Insekten, die er aus Rindenritzen zieht, zu seinem Nahrungsspektrum. Kleiber legen sich gern einen Vorrat für schlechte Zeiten an und sind deshalb auch oft an Futterstellen im Garten anzutreffen, wenn sie ihren Nussvorrat auffüllen. Hier finden Sie noch eine kleine „Snack-Idee" für den Kleiber zum Selbermachen:

Ein Snack für den Kleiber
Sie brauchen:

- Erdnüsse (mit Schale) – ca. zwei Handvoll
- Ca. 50 cm einer stabilen Schnur
- Stabile Nadel mit größerem Öhr (zum Beispiel eine Wollnadel)

So geht's:

1. Machen Sie in das eine Ende der Schnur einen festen, großen Knoten. Dieser dient dazu, dass die Erdnüsse nicht durchrutschen.

2. Nun fädeln Sie die Schnur durch das Nadelöhr und beginnen, die Erdnüsse aufzufädeln

Tipp: Wer mit der Nadel nicht durch die Schalen durchkommt, kann auch zum Beispiel einen Schaschlik-Spieß aus Metall verwenden, um das Loch „vorzubohren"

3. Fädeln Sie die Erdnüsse quer auf, sodass sich ein Leiter-ähnliches Muster ergibt.

4. Wenn noch ca. 20 cm Schnur übrig sind, nutzen Sie das Ende der Schnur und knoten es an dem Punkt fest, an dem die Erdnüsse enden. Es entsteht eine Schlaufe, die zum Aufhängen dient.

5. Jetzt können Sie die Erdnuss-Kette in einen Baum oder Busch hängen und beobachten. Vielleicht dürfen Sie schon bald einen Gast empfangen?

Wenig Zeit und trotzdem Vögel füttern

Sie haben kaum Zeit, weil der Job ruft oder die Kinder in Schule und Kindergarten müssen? Der Tag ist durchgetaktet und doch möchten Sie gern etwas für die gefiederten Gäste in Ihrem Garten tun? Hier ein paar Tipps:

Das Futter: Körnerfresser können auch weiches Futter fressen, Weichfutterfresser allerdings keine harten Körner. Um es also möglichst Vielen recht zu machen, wählen Sie weiches Futter. Ein solch universell einsetzbares Futter, welches in vielen Haushalten zum Standard-Vorrat gehört, sind Sonnenblumenkerne und Haferflocken.

Die Futterstelle: Wenn Sie keine Zeit oder Möglichkeit haben, ein Futterhäuschen selbst zu bauen, können Sie auf zahlreiche Modelle in verschiedenen Geschäften ausweichen. Sollten Sie spontan beginnen wollen, kann man improvisieren. Nehmen Sie beispielsweise eine Schüssel oder Schale, füllen Sie sie mit Futter und stellen Sie auf den Balkon oder die Terrasse. Der Ort sollte überdacht, wind- und regengeschützt sein. Wenn möglich, hängen Sie das Gefäß auf. So sind die Vögel zusätzlich vor Feinden wie der Katze geschützt und das Futter ist für Nager unzugänglich. Achten Sie auch hier besonders auf die Sauberkeit und Hygiene der Futterstelle. Futter von der letzten Fütterung sollte verworfen werden und die Schale regelmäßig geputzt bzw. gespült werden, um Krankheiten vorzubeugen.

Der Zeitpunkt: Am besten wäre es für die Vögel, wenn sie sowohl morgens als auch abends etwas zu fressen bekommen würden. So können Sie die Nächte gut überstehen und Energiereserven anlegen. Sollten Sie jedoch nur einmal pro Tag Zeit haben, so wählen Sie, wenn möglich, den Abend. Hier steht die kalte

Nacht bevor und es gilt, Energie zu speichern. Wichtig ist, dass Sie die Fütterungszeit jeden Tag circa gleich halten. So können sich die Vögel darauf verlassen und haben einen Rhythmus.

Tipps für jede Jahreszeit

Je nach Jahreszeit kann es mehr oder weniger großen Schwankungen im Futteraufkommen geben. In den folgenden Abschnitten erkläre ich Ihnen Jahreszeiten-bezogene Futtersituationen und gebe den einen oder anderen Tipp, was man im Frühling, Sommer, Herbst und Winter bei der Vogelfütterung beachten sollte, um den gefiederten Gästen das Beste zu ermöglichen, ihnen allerdings auch nicht ihren natürlichen Trieb zur Nahrungssuche durch menschliche Unterstützung abzugewöhnen und ihnen so mehr zu schaden als zu helfen.

TIPPS FÜR DEN FRÜHLING

Im Frühjahr, wenn vieles wieder neu erblüht und auch die Tier- und Insektenwelt wieder neu zum Leben erwacht, ändert sich die Futtersituation. Das Füttern sollte mit zunehmenden Temperaturen und Frühlingseinzug abnehmen.

Achtung: Nicht von einem Tag auf den anderen aufhören, denn manche Vögel müssen sich erst wieder auf die eigene Nahrungssuche umstellen. Behalten Sie außerdem bitte das Wetter im Auge: Oft gibt es im Februar oder März noch einmal einen spontanen, kurzen Wintereinbruch. Zu diesem Zeitpunkt sind oft schon die Zugvögel aus dem Süden wieder heimgekehrt und drohen nun zu verhungern. Geben Sie also bei erneut eintretendem Frost oder Wintereinbruch wieder Futter in die Futterstelle.

Wie viel Futter insgesamt nötig ist, messen Sie daran, wie viele Gäste sich regelmäßig an dem reich gedeckten Tisch erfreuen. Desto mehr der Frühling Einzug hält, desto näher kommt die Brutzeit. Die Brutzeit beginnt circa im April und kann bis in den Juli gehen. In der Brutzeit sind Erdnussstücke oder ganze Erdnüsse und Sonnenblumenkerne für Jungvögel sehr gefährlich. Sie können sich daran schwer verschlucken. Auch sogenanntes Fettfutter ist ihnen nicht sehr bekömmlich, da ihre Verdauung noch nicht ausgereift ist. Sie werden während dieser Zeit von ihren Eltern mit Insekten gefüttert. Wenn Sie auch in der Brutzeit den heimischen Gartenvögeln unter die Flügel greifen möchten, stellen Sie ihnen kleine (fettarme) Sämereien, am besten von heimischen Wildkräutern, und frisches oder tiefgefrorenes (möglichst nicht getrocknetes) Futter aus Insekten zur Verfügung.

TIPPS FÜR DEN SOMMER

Nachdem im Sommer die Natur in voller Pracht blüht und Futter für alle Vögel selbst hervorbringen kann, lohnt es sich, den Sommer zu nutzen, um Futter für den Winter zu sammeln. So kann man beispielsweise Äpfel sammeln (richtig gelagert halten sich Äpfel eine ganze Weile), Haselnüsse und Walnüsse sammeln und trocknen und Beeren pflücken (Holunder, Liguster oder die allseits bekannten „Vogelbeeren", die Früchte der Eberesche). Sie können im Sommer auch schon selbst Futtermischungen zusammenstellen oder Futterplätze herstellen, wie zum Beispiel Meisen-Knödel. Auch die Tassen für die Rotkehlchen lassen sich an einem kühlen Ort oder in der Gefriertruhe aufbewahren, bis im Spätsommer und Herbst langsam die Füttersaison beginnt.

Ein Vogel wird vermutlich nicht nein sagen, wenn Sie dennoch etwas Vogelfutter zur Verfügung stellen. Behalten Sie nur bitte im Hinterkopf, dass es auf Dauer mehr schaden als nutzen kann, wenn die Vögel nicht mehr selbstständig auf Nahrungssuche gehen, sondern sich ausschließlich auf den Menschen verlassen.

TIPPS FÜR DEN HERBST

Der Herbst beginnt. Das Wetter ändert sich, es wird kühler und die Natur bereitet sich auf ihren Winterschlaf vor. Es scheint, als gäbe es kein Futter mehr, doch Vorsicht: Gerade im Herbst gibt es eine reiche Ausbeute an Kleinlebewesen, Beeren, Sämereien und Früchten. Die Vögel haben also allerlei, um ihren Hunger zu stillen. Man muss sich auch keine Gedanken darüber machen, dass die Vögel sich erst an einen Futterplatz gewöhnen müssten, bevor die tatsächliche Futtersaison beginnt. Vögel sind kluge Beobachter und finden sehr schnell heraus, wer sein Futter woher hat und ob es dort noch mehr gibt.

Diese Umstände zeigen, dass es im Herbst noch nicht unbedingt notwendig ist, die Fütterung zu beginnen. Es schadet den Vögeln nicht, wenn sie schon im Herbst eine zuverlässige Futterstelle haben, tatsächlich notwendig ist es allerdings erst ab dem Einsetzen von Frost und Schneefall. Sie können die Zeit im Herbst nutzen, um zum Beispiel Meisen-Knödel vorzubereiten oder ein Futterhäuschen zu kaufen oder gar selbst zu bauen. Beobachten Sie, welche Vögel sich in Ihrem Garten zu Hause fühlen und lauschen Sie den unterschiedlichen Gesängen.

TIPPS FÜR DEN WINTER

Wenn der Winter einbricht, geht alles ganz schön schnell: Die Temperaturen fallen, die Pflanzen haben ihre Blätter und Früchte verloren, manchmal fällt sogar Schnee. Die Landschaft verändert sich und so auch die Futtersituation. Das Futter wird weniger, Insekten sind nur noch spärlich anzutreffen und die Menge an Früchten, Körnern, Nüssen und Sämereien ist lange nicht ausreichend. Gerade im Winter, wenn aufgrund der sinkenden Temperaturen der Energiebedarf steigt und die kalten Nächte an den restlichen Energiereserven zehren, ist das Füttern der Vögel durch den Menschen notwendig, da sonst viele Populationen sehr stark dezimiert würden.

Viele Vogelarten, gerade unter den Insektenfressern, ziehen in der kalten Jahreszeit lieber nach Süden, um dort zu überwintern, und kommen im Februar oder März wieder in die Heimat, um ihre Brutzeit in den heimischen Wäldern und Gärten zu verbringen. Körnerfresser hingegen haben im Winter noch ein größeres Nahrungsaufkommen und bleiben als „Standvögel" in der Heimat. Gerade sie sind um die Unterstützung bei der Nahrungsbereitstellung sehr dankbar und machen sich gern über einen frisch gedeckten Tisch her. Wenn Sie hier helfen möchten und Sie sich entscheiden, die Vögel zu füttern, beachten Sie bitte die Futtermenge und die Futterzeiten sowie die Art des Futters, das Sie verwenden. Vorsicht bei Temperaturen unter null. Obst und andere Dinge, die gefrieren können, sind für manche Vögel nicht bekömmlich und können gerade bei Weichfutterfressern zu hart sein. Hier ist es hilfreich, wenn Sie im Herbst beobachtet haben, welche Vogelarten sich häufig in Ihrem Garten aufhalten, dann können Sie das Futter nämlich optimal auf diese Arten abstimmen.

Zu guter Letzt

In diesem Buch haben Sie nun viel über verschiedene Vögel des heimischen Gartens, ihre Lebensräume und vor allem ihre Futtergewohnheiten gelernt. Allgemeine Fragen wurden beantwortet und zwischendurch gab es interessante Fakten zu den verschiedenen Vögeln. Zu verschiedenen Arten gibt es sogar Projekte, wie Sie das Gelernte gleich selbst umsetzen können und somit direkt in die Praxis starten.

Das ist ein wichtiger Punkt: Man kann sich gut auf das Vogel-Füttern vorbereiten und viel Wissen aneignen. Am besten ist jedoch eine gesunde Mischung aus Wissensaneignung und Praxiserfahrung. Und diese Praxiserfahrung bekommen Sie besonders durch

Ausprobieren und vor allem eines: Beobachten! So lernen Sie nicht nur, das individuelle Verhalten einzelnen Vögeln zuzuordnen, sondern Sie lernen daraus, welche Vögel zu Ihrer Futterstelle kommen, wann sie dort hinkommen, wie viel sie fressen und was sie am liebsten fressen. Durch genaue Beobachtung können Sie also ihr Fütter-Verhalten ganz individuell an die Vogelvielfalt in Ihrem Garten anpassen.

Ich danke Ihnen für Ihr Interesse an dem Thema „Vögel füttern" und wünsche Ihnen viel Spaß und Freude bei der Umsetzung der verschiedenen Projekte und beim Bewundern Ihrer hoffentlich zahlreichen gefiederten Gäste!

Herstellung und Verlag:

BoD – Books on Demand, Norderstedt

ISBN: 9783754338629